# RÉPONSES

A

# M. ALFRED BOUVET

*ancien maire de Salins*

PAR



## MM. MAX CLAUDET

STATUAIRE

## ET ARTHUR LIGIER

PHARMACIEN DE SECONDE CLASSE A SALINS.

DOLE

IMPRIMERIE BLUZET-GUINIER

1877

# A M. BOUVET

*La grenouille qui veut se faire aussi grosse que le bœuf*

FABLE

Une grenouille vit un bœuf
Qui lui sembla de belle taille.
Elle qui n'était pas grosse, en **tout** comme un œuf,
Envieuse, s'étend, et s'enfle, et se travaille
Pour égaler l'animal en grosseur ;
Disant : Regardez bien, ma sœur ;
Est-ce assez ? dites-moi ; n'y suis-je point encore ?
— Nenni. — M'y voici donc ? — Point du tout. — M'y voilà ?
— Vous n'en approchez point. La chétive pécore
S'enfla si bien qu'elle creva.

LA FONTAINE.

(20 février 1876, jour des élections.)

M. Bouvet, vous vous démasquez : c'est peut-être la première fois de votre vie que cela vous arrive. Je viens de lire votre lourde et pâteuse brochure et je constate, avec peine, que vous savez mieux scier un *plot* que manier une plume. M. Bouvet, vous êtes comme un homme qui se noie, vous vous rattrapez où vous pouvez et tous les moyens vous sont bons. Vous me comprenez ?... Puisque vous êtes assez naïf pour donner tous nos articles, nous laissons le public apprécier la vérité. Il jugera entre votre petite personnalité et M. Perraud.

Quelle différence entre les sentiments de M. Perraud et les vòtres !

M. Perraud, berné et bafoué par vous, *regrette encore de faillir à sa promesse*, tandis que vous, après avoir manqué à tous les égards dus à M. Perraud, vous osez, avec un aplomb imperturbable, rejeter vos torts sur lui.

Avant de terminer avec vous, je tiens à répondre à cette phrase de votre brochure :

« 1870, *à cette époque*, dites-vous, *étais-je ou n'étais-je pas*
« *maire de Salins, il ne m'en souvient.* »

Je ne vous quitterai donc pas M. Bouvet, sans vous rendre un service dont vous me serez reconnaissant. Puisque vous avez si facilement à votre âge perdu la mémoire, permettez-moi de vous rappeler quelques actes de votre vie politique et municipale : cela pourra vous servir plus tard et instruira les électeurs pour les prochains votes. M. Bouvet, vous étiez maire sous l'empire, et, au plébiscite, n'avez-vous pas fait afficher les mots suivants :

« Chers concitoyens,

« Voter oui, c'est approuver les réformes libérales, opé-
« rées dans la Constitution depuis 1860 et ratifier le Sénatus-
« Consulte du 20 avril 1870. Voter non, c'est désapprouver

« les réformes libérales..... N'attendez pas à la dernière
« heure pour venir voter. *Bouvet*, maire de Salins.
« 8 mai 1870.»

Crions avec M. le maire : vive l'empereur !!!

M. Bouvet, en 1871, n'avez-vous pas lancé la proclamation suivante :

« Je continuerai de considérer la République des Thiers
« et des Grévy comme la seule forme de gouvernement
« qui, en maintenant ces principes, peut relever notre
« malheureuse patrie et réparer les fautes du passé. *Bouvet*,
« maire de Salins. 1ᵉʳ octobre 1871. »

Crions avec M. le maire, vive la République !!!

M. Bouvet, n'avez-vous pas signé une adresse à M. Thiers, quand il était au pouvoir? et aussitôt que M. Thiers, le sauveur de la France, fut tombé au 24 mai, avez-vous signé une seconde adresse, faite par les conseillers généraux républicains?

Plus tard, lors du pèlerinage, on craignait dans la population une manifestation contraire qui amenât des désordres et qui malheureusement eut lieu.

*M. Bouvet, maire de Salins, était en voyage.*

Au quatre septembre 1873, on craignait du tapage; ce qui arriva.

*M. Bouvet, maire de Salins, était en voyage.*

Au quatre septembre 1875, étant averti de ce qui pouvait arriver par les années précédentes, la municipalité craignit, avec de justes raisons, de nouveaux troubles. On sait ce qui arriva : Boutiques enfoncées, coups donnés et arrestations.

*M. Bouvet, maire de Salins, était en voyage.*

Quand le général de division, duc d'Aumale, vint faire sa tournée à Salins, la ville, qui désirait avoir une augmentation de garnison, eût été bien aise qu'une démarche fût faite auprès du général.

*M. Bouvet, maire de Salins, était en voyage.*

N'est-ce pas, M. Bouvet, sous votre administration qu'a été vendu un exemplaire de l'ouvrage des *marionnettes* de M. Magnin, *annoté de sa main*, et donné par lui. Je crois qu'à cette même vente, se trouvait un individu qui, fâché de ce que les enchères n'allaient pas assez vite pour la ville, posa sa canne sur une rangée de volumes et s'écria, en regardant le public, par-dessus ses lunettes : *A combien la canne de livres ?...*

Arrivons à la malheureuse année 1874. Aux élections municipales dernières, ce pauvre M. Bouvet reçut un *renfoncement* qui me peina beaucoup, car c'était le beau temps alors. Je me rappelle qu'il envoya chez moi un de ses émissaires pour me solliciter de faire partie de sa liste. J'ai compris combien il était pénible à M. B..., homme bien pensant, de faire une démarche auprès d'un mécréant qui n'avait pas fait son jubilé comme lui et M. Bouvet. Ne me sentant pas digne de faire partie de cette liste, je refusai.

Voici le bouquet :

Aux élections pour la députation, vous avez été assez prétentieux, M. Bouvet, pour vous mettre en parallèle et oser lutter avec un homme qui, par sa ligne de conduite toujours ferme et droite, était sûr de tous les suffrages : aussi avez-vous échoué d'une manière assez humiliante. A Salins, c'est à peine si vous avez eu un nombre de voix égal à celui de vos employés, et pourtant vous êtes salinois de cœur..... et d'intérêt. Encore un mot: A la réunion d'Arbois où les candidats devaient présenter leur profession de foi, un seul manquait : M. Bouvet !

*Etiez-vous encore en voyage ?...*

Vous voyagez beaucoup, M. Bouvet.

A la suite de votre triste échec, vous avez donné votre démission de maire, en disant à ces ingrats jurassiens que, puisqu'ils ne vous trouvaient pas digne d'être leur député, vous ne vous sentiez plus digne d'être leur maire. Ainsi, vous avez commis une inconséquence grave, M. Bouvet, en restant conseiller municipal et conseiller général, car c'étaient les mêmes électeurs qui vous avaient nommé.

Voyez-vous, M. Bouvet, en ce moment, la France a besoin d'hommes politiques courageux et énergiques, fermes et précis dans leurs idées, ayant un passé politique bien net qui réponde de l'avenir ; aussi permettez-moi de vous faire une petite objection : Si vous aviez eu une opinion quelconque bien déterminée, vos adversaires vous en auraient su gré et vous en auraient estimé. Tandis qu'en ce moment, les républicains vous rejettent, vous êtes renié par les bonapartistes, et les légitimistes ne veulent point de vous : Tout cela fruit de votre indécision !

Permettez-moi encore un petit conseil, le dernier : Puisque votre vie politique est finie, ne pensez plus à la mairie ni à la députation, votre position vous permet de vivre en bon bourgeois, comme le roi d'Yvetot.

> Peu connu dans l'histoire ;
> Se levant tard se couchant tôt,
> Dormant fort bien sans gloire,
> Et couronné par Jeanneton
> D'un simple bonnet de coton,
> Dit-on.

Vivez tranquille, croyez-moi, occupez vos loisirs à d'autres distractions, faites au besoin de la tapisserie ; c'est moins trompeur et moins perfide que les honneurs municipaux.

Ce que je vous répète, je vous l'ai déjà dit il y a un an, dans mon atelier ; si vos amis moins *ambitieux* et plus *clairvoyants* vous eussent parlé franchement comme moi, vous ne seriez pas dans l'impasse où vous vous trouvez.

Je termine ma réponse, j'espère que ce sera la dernière, seulement je vous dirai que vous me faites rire, quand vous prenez votre air méchant et que vous me menacez de la loi du 17 mai 1819.

Vous savez bien, M. Bouvet, que je ne vous crains sur aucun terrain.

A bon entendeur, salut.

Max CLAUDET.

Salins, 27 janvier 1877.

# A M. BOUVET

M. Bouvet commence une *spirituelle* brochure en m'appelant pharmacien de seconde classe :

Eh bien ! je suis très-honoré de posséder ce titre ; ne l'a pas qui veut.

Je pense que M. Bouvet connaît bien le proverbe qui dit : « En ce monde, il n'y a pas de sot métier, il n'y a que de sottes gens. »

Je pourrais, si j'étais méchant, lui rendre la pareille et l'appeler : Scieur de bois de 1re classe, scieur de long, roulier, camionneur, marchand de lait, vacher, conducteur de diligence, messager, fabricant de mélasse, candidat perpétuel à la députation, etc. etc....., mais je suis trop poli pour le faire.

Toutes ces professions qu'exerce M. Bouvet ne nécessitent

pas l'obligation d'acquérir même uu *malheureux* diplôme
comme celui de pharmacien de seconde classe et rien
ne prouve que M. Bouvet eût pu l'obtenir.

Oui, je maintiens que la ville de Salins a perdu par votre
faute les 105,000 francs de valeurs artistiques que possède
aujourd'hui Lons-le-Saunier, et que vos procédés vis-à-
vis de M. Perraud ne sont pas ceux d'un galant homme.

Si nous n'avons pas parlé du vivant de Perraud, de votre
conduite à son égard, c'est que, comme l'a dit M. Pas-
teur : « il fallait taire devant lui, une de ces douleurs
cuisantes qui comptent peut-être au nombre de celles qui
ont abrégé sa vie. »

Il paraît que lorsqu'on n'est pas afficheur pour votre
compte, comme jadis l'a été M. B., qui, à cette époque là
était un Dieu pour vous et que votre intéressant journal le
*Salinois* a si *bien* traité à sa mort, on paraît ridicule.

Je vous assure que je n'ai point complétement oublié ces
beaux jours où j'étais investi de ces fonctions ; ça m'a pro-
curé la satisfaction de voir arriver à la députation notre
ami Gagneur et la joie indicible de vous voir échouer.

Je crois que dans ma manière d'agir, j'ai bien réussi, et
que si vous aviez mis autant d'ardeur pour amener à bien
la souscription qui était nécessaire pour recueillir les fonds
destinés à faire venir les statues de Perraud que vous en
avez déployé pour votre candidature législative, aujourd'hui
on vous féliciterait.

Sur ce, je finis en répétant avec les salinois ce couplet de notre ami Figurey et qui vous fera passer à la postérité comme feu Cadet Roussel :

> C'est assez, remontez dans vos messageries
> Clic, clac et reprenez le chemin des scieries,
> Plus de candidature et laissez en repos
> Nos bons fils du Jura dont vous sciez le dos.
> Sur l'air du tra la la, etc.

Veuillez croire, monsieur, à toute la considération que j'ai pour vous.

A. LIGIER.

*Pharmacien de seconde classe.*

Salins, le 1ᵉʳ février 1877.

Dole. — Impr. Bluzet-Guinier.

www.ingramcontent.com/pod-product-compliance
Lightning Source LLC
LaVergne TN
LVHW052330060726
842524LV00018B/2911